AF435423

EL MASÓN ARTRÍTICO

Pedro Arbeo

PEDRO ARBEO

EL MASÓN ARTRÍTICO

bubok
EDITORIAL

ISBN papel: 978-84-686-9097-1
ISBN digital: 978-84-686-9098-8

Impreso en España
Editado por Bubok Publishing S.L.

Índice

-I- 13

-II- 21

-III- 33

-IV- 41

Glosario 49

A Marisol y Mauro

Lee y persevera, ve e imita [...]
(Código moral masónico)

-I-

Al fondo de la sala de los *pasos perdidos* una puerta da acceso al despacho del *venerable maestro* de la logia La Humanidad Regular, número 7. A modo de lugar de espera, dos silloncitos color rojo brillante se sitúan a cada lado de esa entrada. En uno de ellos, sentado, como de lado, se encuentra el hermano Acacio, *nombre simbólico*, Rectitud, esperando se celebre la entrevista para la que ha sido convocado.

Este local, esta *logia*, es como su casa. La primera vez que entró fue introducido —con los ojos vendados— directamente, con cierta brusquedad, en la *cámara de reflexiones,* iluminada por un velón y compuesta por una decoración que pretende recordar, o quiere representar a la muerte, a lo efímero de la vida, y que no deja de ser una composición tétrica de calaveras y húmeros de plástico amarillento y cartelitos por doquier con frases lapidarias.

De este cuartucho salió Acacio pasado un rato largo con su *testamento* escrito y, nuevamente cegados con tela sus ojos, y remangada una pernera de su pantalón, fue conducido por el *hermano terrible* al interior del *taller* donde fue interrogado por el *venerable maestro* y guiado, esta vez, por el *maestro de ceremonias*, marchó dando vueltas y tropiezos —*viajes simbólicos*— para posteriormente, ¡*ver la luz*¡ o, más exactamente, ver lo primero de todo, al señor Rubio —su amigo librero— y al hermano Miguel, con quien había quedado en el bar de la esquina una hora y media antes de la ceremonia. Acacio sentía como si flotase, y sonreía, mirando de una a otra *columna*: ¡ya era masón!, *aprendiz*, pero masón. *Hermano* de la logia Oriente número 4, del Gran Oriente Masónico Unido, con jurisdicción en la península, islas y territorios de soberanía.

Cada mes, los primeros y terceros lunes, se reunía la logia y él asistía atento y fervoroso a todo el *ritual* de los *trabajos* como cuando el padre Alfredo, en la parroquia, les hablaba de Jesucristo y los Santos cristianos. ¿No tenían los masones también sus propios santos?, todos ellos grandes prohombres de la literatura, la ciencia y las libertades; ¿habría algún gran masón de condición humilde, como su padre o él mismo? Acacio leía y releía su *ritual* y una *Historia de la Masonería para no masones*, editada en Paraguay, que le había regalado el Sr. Rubio.

Al año de ser aprendiz observó en la logia, entre los *maestros*, gran nerviosismo. Cada vez acudían más *visitadores* a las reuniones de logia y se empezó a pronunciar conferencias en las reuniones por parte del hermano *primer vigilante* sobre, "El masón regular y no regular" o "Regularidad y no regularidad: Inglaterra *vs.* Francia". Acacio, no entendía nada de lo que pasaba, y una vez preguntó al Sr. Rubio, pero éste le contestó que un aprendiz: "lee y persevera, ve e imita". Acacio quedó desconcertado, pues ni el ritual ni su historia editada en Paraguay, hablaba de masonería regular o irregular, ni sobre Inglaterra contra Francia o ésta contra aquélla. Su ritual y el libro paraguayo explicaban la universalidad de la *orden*, y sus fines en favor de la *"la libertad, la igualdad y la fraternidad"*.

Sus trabajos en logia continuaron y en uno de ellos dio lectura, entrecortada y muy nerviosa, a su *plancha*, "La piedra bruta, la piedra cúbica y otras piedras", que fue muy celebrada entre los hermanos. Respondió a su plancha el hermano *orador,* felicitándole y, acto seguido, el *venerable maestro* pidió a los hermanos una *triple batería,* cuyos aplausos llegaron directos y suaves al corazón del aprendiz Acacio.

Al poco de la oficial demostración de sus conocimientos, Acacio fue elevado al grado de *compañero* masón. Fue una ceremonia para él preciosa, y el Sr. Rubio —ya su hermano Evaristo, nombre simbólico, Galeno— le abrazó y, emocionado, le dijo que sabía, nada más verle, que sería un gran masón. Este comentario preocupó a Acacio, pues discurrió que de ser así de claro, ya por gesto, ya por atributo físico, igualmente podrían descubrirlo su madre o su jefe D. Juan Antonio, y… ¿qué les diría?

Apenas seis meses después de su elevación, persistía el nerviosismo entre los maestros de la logia, y se celebraron reuniones al margen del resto de los hermanos no maestros, *cámara del medio*, hasta que en una *tenida,* el venerable maestro comunicó a todos, escuetamente, que próximamente se celebraría una tenida magna, a resultas de la cual nuestro Gran Oriente Masónico Unido, con jurisdicción en península, islas y territorios de soberanía, se integraría en la recién creada Gran Logia de los Buenos Masones Regulares para todo el territorio nacional. Algunos hermanos mostraron su recelo y casi fue unánime el rechazo de la denominación "buenos masones regulares", pero terció el hermano orador y explicó que ciertamente este nombre era el más aceptable de entre los muchos presentados, una vez desechados nombres tales como "Gran Logia de Regulares" —por su clara connotación con una unidad militar— o "Gran Logia por la Regularidad Auténtica", que podría llevar a analogía con partidos o movimientos políticos. Masones o no masones y, entre los primeros, regulares y no regulares; liberales o no liberales; dogmáticos o no dogmáticos; Acacio no entendía nada de nada, y repetía para sí: ¡libertad, igualdad y fraternidad! Preguntó al Sr. Rubio y, éste, le dijo:

—Aunque ya no seas aprendiz: "calla y persevera, lee e imita".

La tenida magna se celebró, y Acacio, junto a otros de sus hermanos de logia, entre ellos el Sr. Rubio, pasaron a integrarse en la Logia La Humanidad Regular número 7, perteneciente a la Gran Logia de los Buenos Masones Regulares para todo el territorio nacional.

Una parte de los discrepantes con la integración en la Gran Logia de los Buenos Masones Regulares, se mantuvieron en el Gran Oriente Unido, en tanto que la otra parte resultante se disgregó, afiliándose, unos hermanos a la Gran Logia de las Islas Libres del Suroeste, y los otros hermanos —más indignados y viajeros— a logias asiáticas o, simplemente, a *logias salvajes* radicadas en cualquier parte, y cuyos ritos resultaban variopintos, teniendo como casi exclusivo fin empinar el codo y entonar cantos báquicos, queriendo así parecerse lo más posible a los hermanos "más regulares y civilizados del orbe masónico".

Al año y medio del cambio, Acacio fue *exaltado* a *maestro*. Mucho antes de la ceremonia había devorado todos los libros que le prestó el Sr. Rubio sobre la maestría masónica, sobre el tercer grado del *simbolismo*, y conocía ya prácticamente la totalidad del ritual de maestro, reprochando, a veces, suavemente, a su mentor: ¿dónde se encuentra ahora la "discreción" que usted repite y repite, destacándola como gran cualidad de los hermanos?

Pocos días antes de la tenida de su *aumento de salario*, encontrándose en casa, Acacio se sentía alegre, dicharachero y nervioso y, de pronto, se acercó a su madre, le abrazó furtivamente y le espetó: ¿a qué se debe que me pusierais de nombre Acacio? Su madre, Resurrección, quedó un poco sorprendida y, sin darle importancia, contestó:

—fue cosa de tu padre, pero… —mientras miraba a su hijo expectante, añadió— ¿a qué es original?, cariño.

Acacio, contestó que sí, y le contó, a una velocidad endiablada, que era un nombre de origen griego, que significa "sin maldad"; habló de las cualidades botánicas de la acacia, de su madera y, también, de poseer —la acacia— un contenido simbólico importantísimo para muchas personas del universo.

— ¡Qué bonito, cariño! —dijo su madre, mientras le conducía y obligaba a sentarse en el sofá.

"Mira, Acacio, te cuento: tu nombre te lo puso tu difunto padre en homenaje a su abuelo, que así se llamaba por el patrón de su pueblo, San Acacio; un soldado y mártir que hace aún hoy muchas cosas buenas. No sé si era italiano o español, pero sus restos están desde hace siglos en el pueblo de tu bisabuelo. Y nada más, pero eso sí: ¡por los siglos de los siglos!, tú serás Acacio y yo Resurrección.

Acacio, se hundió en su asiento y negando varias veces con la cabeza, como desbaratando un pensamiento, una idealización prendida en su cerebro, desde hacia tiempo, dijo apesadumbrado:

—Bien, mamá. Pero yo pensaba que la razón de mi nombre encerraba otros ideales, simbólicos. Quizás, que papá quiso, llamándome Acacio, dar figura humana a un profundo ideal suyo.

—Pero, ¿qué dices, Acacio? —le cortó su madre, que no entendía nada de lo que decía—. Tu padre era un buen hombre, sin ambiciones, eso sí; era muy casero, apenas salía, y amaba profundamente a su familia. Te llamas Acacio por su amor a tu bisabuelo y no por ninguna monserga simbólica que tú imaginas. Tu padre era un hombre honrado y tan de su casa que, poco antes de morir, me pidió cansada y lentamente:

"Ción, cuida de Acacio. Cuídate tú. He sido feliz, pero esto no tiene más cuerda. No me da miedo morir, solo me molesta que cuando esto termine, ya no podré quedarme, tan ricamente, en casa.

Acacio, abrazo muy fuerte a su madre y, muy vergonzoso, le susurro:

— ¡Por los siglos de los siglos!, siempre te querré.

La ceremonia de exaltación a maestro, por su contenido simbólico, conmovió profundamente a Acacio y sintió que, con apenas veintisiete años, había aprehendido el sentido de la vida y la muerte.

Las palabras que pronunció al final el *muy respetable maestro* le produjeron una especie de angustia, aún en cierto modo apacible y, ya sin control, le temblaron las piernas al formar con el resto de hermanos la *cadena de unión*. Terminada la ceremonia, el Sr. Rubio y él se abrazaron, con fuerza, rompiendo los dos en llanto.

Unas semanas más tarde, coincidiendo con el *solsticio* de verano se produjo la dimisión del *gran maestro* de la Gran Logia de Los Buenos Masones Regulares. La consecuencia: *irradiación* colectiva.

Más de cincuenta hermanos fueron expulsados y, otros tantos quedaron fuera de ese trámite, porque desde hacía muchos meses nadie tenía razón de ellos. Era una locura y Acacio estaba muy desanimado. El Sr. Rubio procuraba tranquilizarle justificando que la masonería es una sociedad humana "discreta, muy discreta" y que es lógico "tirar las malas piedras fuera del camino". No lo entendía Acacio, por más que el Sr. Rubio se esforzara:

—Tres grandes logias, dos grandes orientes y tres supremos consejos, encuadran el millar de masones activos. La consideración de masón—continuó Acacio— no parece venir determinada por la honradez, la tolerancia y la fraternidad, sino por la pertenencia a tal o cuál *obediencia,* siendo ésta regular o irregular; dogmática o adogmática.

"Hermano Rubio el masón es masón, venga de donde venga, si lo siente así, le reconocen sus hermanos, y sus prácticas —también en la vida profana— son de masón. No cabe duda, que el *Gran Arquitecto del Universo* observa, ve con su ojo divino, que todo esto es un sindiós. Hay mucho petulante y ambicioso que solo pone en valor material a la fraternidad y que juega y apuesta, perjudique lo que perjudique, a "ser ratón y no cola de león" —concluyó Acacio.

—Cómo se nota, hermano mío —dijo emocionado el Sr. Rubio— que ya eres un masonazo.

-II-

Trabajosamente, Acacio, apoyó sus manos en un bastón y, muy lentamente, fue levantándose del silloncito rojo brillante. Ya incorporado tomó su segundo bastón y con extrema dificultad comenzó a dar pequeños pasos, avanzando muy despacio —y como trastabillando — en su paseo por la sala de los pasos perdidos.

Llevaba ya más de media hora esperando celebrar su entrevista con el venerable maestro, y querido hermano, Emilio, de nombre simbólico, Marco Vitruvio. La paciencia es una virtud, también muy masónica, y no desesperaba. Detuvo su dificultoso andar y observó —como oteando— a los hermanos que, en grupos, charlaban, a la espera de que sus respectivas logias iniciaran los *trabajos*.

Éstas animadas y variadas tertulias —una de otra diferenciada— las componían casi siempre los mismos hermanos: la "esotérica", especulando sesudamente sobre el simbolismo de la *granada* o del *compás*, más allá de la compresión de este mundo; la "comercial y empresarial", en la que siempre hablaban de posibles y pingües negocios, finalizando sus propuestas con la vieja letanía, "esos posibles negocios también enriquecen a la orden", y, un tercer grupo en tertulia, compuesto por aquellos que no pretenden obtención material alguna ni tampoco ir más allá de cuanto contiene el diario trabajo por la libertad, la igualdad y la fraternidad.

Algunas veces participaba activamente en la tertulia "comercial y empresarial" un hermano riquísimo, al que acompañaba siempre una especie de asistente porta carteras —por supuesto, también hermano—. Este midas y masón (que alcanzó la maestría a los ocho meses de ser iniciado) también gustaba en la tertulia de perorar — con su tono de voz estentóreo— sobre filosofía y transcendencia, pero, ciertamente, solo eran palabras huecas, pues salvo dinero, fuera del color que fuera, hacía poco o nada de todo lo demás; ni a nada ni a nadie respetaba.

La verdad es que dentro de logia todos los hermanos, en "substancia" (palabra del Sr. Rubio), salvado el respeto a la jerarquía, eran iguales, si bien, traspasada hacia fuera la puerta del *templo* —tan solo un centímetro —unos eran ricos y otros casi pobres, y de entre todos los había más y menos listos. Muy a menudo —recuerda, sonriéndose, Acacio— comentaba al Sr. Rubio al respecto:

—Al margen del mero ritual, en donde verdaderamente se trabaja todo es fuera, no ya del *taller*, sino de la logia.

—Eres un poco malvado, Acacio —decía el Sr. Rubio, encolerizado de súbito—. A ti no te ha ido nada mal en la *orden*. Al poco de exaltarte a maestro, te confirió el *Capítulo* el grado 4º, de *maestro secreto*. Sí, sí ya lo sé: la experiencia… "nada positivo te aportó", pero…

—Sí, la experiencia fue bastante positiva —repuso Acacio, alzando su voz— pues me reafirmó en la idea de que solo la masonería *simbólica*, la *azul*, la de los tres grados —aprendiz, compañero y maestro— conserva y difunde los mejores ideales y obras de sí misma. Los *altos grados* que llaman y que según los *ritos* llegan al grado 33 —*rito escocés antigüo y aceptado*— o, incluso, ¡fíjate!, al grado 99 — *rito* de *Memphis y Mizraim*"—; crean grupos paralelos de poder que, principalmente, tienen por objeto dirigir en la sombra a las *grandes logias* o los *grandes orientes*. Esos grupos, esos altos grados son en gran medida los causantes de las constantes divisiones internas, las irradiaciones colectivas y las escisiones en la masonería simbólica.

De sus recuerdos saca a Acacio la voz estruendosa del hermano Donato, nombre simbólico, Trueno. Ha vuelto a los trabajos hace poco más de tres meses después de integrar la última escisión colectiva habida en la Gran Logia, y después de crear junto a otros hermanos de otras obediencias, una Gran Logia de los muy Buenos Masones Regulares de las Dos Penínsulas, que aún ahí sigue, y en la que ya se anuncia también una escisión.

Regresó el hermano Donato —previa invitación— y, magnánimamente, fue aceptado por el gran maestro, si bien, el hermano Trueno, todavía está en periodo de prueba siguiendo una especie de "reeducación especial" —algo muy de oriente, y de esas latitudes— pues consideran que su regularidad, por ese invento de las "dos penínsulas", y su trabajo junto a otros masones irregulares — pudo contaminarle existiendo por ello riesgo de contagio al resto de hermanos de la Gran Logia.

—Hermanos entrad al templo con ceremonia. ¡Vamos!, que hay que iniciar los trabajos, ordenó el maestro de ceremonias.

En pocos minutos el silencio es absoluto en la sala de los pasos perdidos. Acacio, cuyos dolores articulares ya van en aumento en este momento, y son insoportables, vuelve a su silloncito rojo brillante y se sienta, como de lado. En pocos minutos, tras un breve descanso, se queda adormilado.

Año 1980. Acacio, se encontraba en la más transitada estación de metro de su ciudad, en la parada, junto al andén, y escuchó que un anciano le decía a otro:

—Pues el libro no es nada, pero para lo que se encuentra hoy sobre masonería, en este país cateto y cerril; por lo menos se consigue que se vuelva a oír hablar sobre ella, aún después de cuarenta años de "palo y tentetieso".

—Y ¿dónde se puede encontrar? —preguntó el otro anciano.

—Pues, parece —respondió el informante— que en la librería La Verdad, aquí al lado. En ese momento entró el convoy en la estación, y Acacio —ensimismado, inmóvil, junto al andén, coincidiendo con los pitidos que anunciaban la inmediata salida del convoy— dijo con voz clara y en tono muy alto:

— ¡masonería, masonería! —y echando a correr subió al vagón más próximo.

Con el convoy ya en marcha, Acacio, temeroso de que hubieran oído sus gritos, miró cuidadosamente al resto de pasajeros y, no sin desconfianza, se sentó abriendo su periódico y, literalmente, pegando sus ojos a las páginas del diario, pensó que leyó, no hace mucho, un breve artículo en una revista, que llamó poderosamente su atención, sobre la masonería y masones ilustres del país. Dejó de pensar, y comenzó a repetir, mentalmente: librería La Verdad; librería La Verdad, librería La Verdad…

A los pocos días, Acacio daba vueltas desde hacía una hora por las calles aledañas a la vía Nacional, en la que se encontraba La Verdad, una librería antigua, con un escaparate enmarcado en madera de color granate y, un aviso muy visible, que anunciaba; "se compran libros y bibliotecas". En su angustioso paseo, Acacio, a menudo, se detenía y, muy despacio, girando su cabeza de un lado a otro se aseguraba de que nadie le seguía; ¿pero quién iba a seguirle? —pensó, tranquilizándose. Nadie sabía que en este momento pudiera estar ahí, ni que tuviera la intención de ir a La Verdad. A su madre le dijo que iba al cine, a la gran Avenida, y si alguien conocido le viese, ¿por qué iba a pasársele por la cabeza que iba a ir a una librería y, mucho menos, a La Verdad, en donde vendían ese libro de masones?

El chirrido de la puerta al abrirse asustó a Acacio, y previno al librero de *La* Verdad, ocupado, en ese momento, en el almacén.

—Buenas tardes —dijo el librero sin despegar de sus labios la colilla de un cigarrillo.

El librero, —que tiene el pelo rojizo y elevada estatura— lleva un guardapolvo color grisáceo que, en su estreno, puede que fuera gris perla, pero que hoy es como estampado, por las manchas no sólo de polvo, sino también de ceniza de tabaco y de líquidos espirituosos.

—Buenas tardes —dijo animoso Acacio, sin articular ninguna palabra más.

—Usted dirá, joven. Viene a comprar o a vender —inquirió el librero.

—Busco un libro nuevo… informativo, sobre… bueno…es para un regalo, es sobre masonería o algo así —balbuceó a cada palabra, Acacio.

— ¿De de María? —preguntó el librero.

—No, de masonería — respondió, inseguro, Acacio.

—Sí, de María, el autor del libro, *La Masonería que llega* —aclaró el librero.

—Sí, sí. Ese es. Es para mi abuelo —afirmó a gran velocidad, Acacio—. Me lo llevo, no hace falta que lo envuelva, lo guardaré en mi cartera.

—Bien, aquí lo tiene. Y si a su abuelo le interesan estos temas, que venga, me llamo Evaristo Rubio, y tengo algunas cosas fuera de catálogo. No lo olvide, dígaselo, esta es una casa, seria y… discreta, muy discreta —añadió, el Sr. Rubio, remarcando "muy discreta".

Para volver a su casa, Acacio —llevando lo que llevaba en su cartera creía lo más seguro tomar un taxi, y así lo hizo—. No estaba su madre y fue directo a su dormitorio, sacó su tesoro de la cartera y quitando la sobrecubierta del libro, la rompió cuidadosamente en pedazos muy pequeños, que guardó en un sobre para luego deshacerse de él en una papelera de la calle. Salió de su dormitorio y recorrió la casa llamando a su madre: confirmado, que no estaba.

Habiendo regresado a su dormitorio, dejó la puerta abierta para oír cuando llegara su madre, y se sentó en su pequeño escritorio. Sacó su libro *La Masonería que Llega*, y su primer impulso, después de ojearlo y olerlo, fue iniciar su lectura, pero se detuvo y, por prudencia, se dispuso a forrarlo, muy cuidadosamente, con papel fuerte y azulón que había comprado esa mañana en la papelería. Al terminar, observó su trabajo, y escribió en su portada: "Contabilidad General I", y lo colocó, en su pequeña librería, junto a otro libro que, sin forrar, titulaba: *Contabilidad Elemental*.

Admiraba la disposición de sus libros cuando oyó la voz de su madre, que le llamaba. Una mirada rápida a su alrededor: ¡todo en orden! —se dijo Acacio—, y salió en su busca.

—Hola, hijo. ¿Qué haces? —preguntó Resurrección.

—Estaba en mi cuarto estudiando, mamá — contestó, como azorado, Acacio.

— ¿Estudiando, el qué?. Ya nos dijiste a tu tío Román y a mí, terminado el bachillerato superior, que no querías estudiar, sino trabajar y, por suerte, a través de tu tío, estás trabajando con Don Juan Antonio. ¿Es que has cambiado de opinión y quieres ser abogado, como era el sueño de tu pobre padre?

—No, mamá. Estudiando cosas de mi trabajo, para no ser siempre sólo un simple auxiliar en la oficina. He empezado a estudiar, por mi cuenta, contabilidad. La administración de comunidades de propietarios y de alquileres requiere esa gestión fundamental y es lo que quiero dominar para ascender y tener un futuro mejor, en la Administración de Fincas de Don Juan Antonio.

—Mientras te ocupes de aprender y mejorar en tu trabajo me parece bien, aunque no seas abogado, cosa que por muchas razones también tranquiliza a una madre —dijo sentenciando, Resurrección.

"Pero, digo yo, ¡ignorante de mí!, ¿no sería mejor que estudiaras eso en una academia, antes que por tu cuenta? En la academia del barrio, "el saber si ocupa este lugar", un cartel grande anuncia que enseñan contabilidad. Cásalo con tu horario en el trabajo y yo te lo pago.

—Gracias, mamá. No hay nada que mi interese más, ¡que tú!, mi trabajo y la contabilidad general.

Pasados diez días de su visita a La Verdad, un sábado por la mañana, fue hasta la vía Nacional, y entró de nuevo en la librería.

—Buenos días, ¿está el Sr. Rubio? —preguntó sonriente Acacio.

—No creo que tarde, pero si desea algo yo puedo atenderle. Soy, María, su mujer.

—No es preciso, muchas gracias. Le espero y mientras ojeo los libros —contestó Acacio.

Todo parecía desordenado. Se exponían libros nuevos y viejos en anchas mesas que ocupaban la zona central del local. Libros de todas las temáticas, desde la teología cristiana, pasando por los toros, el tenis y *Cómo potenciar la memoria en diez días*. Rebuscó por lo expuesto y no encontró nada sobre la masonería.

— ¡Bueno, bueno!, que amable usted de visitar de nuevo esta su casa. ¿Y su señor abuelo no ha venido? —exclamó desde la puerta el Sr. Rubio.

—Hola. No, no ha podido venir. Está algo pachucho. Le encantó el libro que le regalé y he venido por si hay algo de tema parecido y, así, animarle un poco —soltó a gran velocidad, Acacio.

—Siento mucho que esté indispuesto. Me gustaría conocerle, pues estoy seguro que íbamos a conectar, en esto… de los libros, claro —dijo el Sr. Rubio mientras se quitaba el abrigo—. Pero no se quede ahí, pase conmigo a mi pequeño despacho. María, atenderá al público.

En un rincón, en la parte trasera del local, sin puerta ni división alguna, un habitáculo con una pequeña mesa gris, dos sillas de color negro —frente a frente—, y una especie de cómoda descolorida era todo el mobiliario del despacho del Sr. Rubio. En las paredes los calendarios de la imprenta "El Negro", de cada uno de los últimos ocho años.

—Siéntese. ¿Cuál es su nombre? —preguntó el Sr. Rubio

—Si claro, perdón. No me he presentado. Me llamo Acacio.

— ¿Acacio? ¡Está muy bien!... y… guarda un gran significado. Y, claro su abuelo ¿se llamará también Acacio? —dijo irónico el Sr. Rubio.

—No, señor, no… Román —contestó titubeante Acacio.

—Escucha hijo, no pasa nada si te interesa el tema de la masonería y los masones, al menos hoy y entre determinada gente. Gente como yo. Soy librero y, la mayoría, nos imponemos una especie de secreto profesional sobre no revelar las temáticas que nos encargan y compran nuestros clientes. Y hay más, y no creo ser imprudente al decírtelo, ni falto a discreción alguna: además de ser librero soy masón —con su última palabra el Sr. Rubio se levantó, fue al pasillo, y pidió: "María, cuando puedas, tráeme del bar una copa de brandy".

Acacio, quedó totalmente inmóvil, con la mirada perdida en el calendario de 1980, y repetía para sí: enero, febrero, marzo, abril…, así, de corrido, y hasta cerrar el año en diciembre, una y otra vez, hasta que entró María con la copa de licor.

El Sr. Rubio, bebía en silencio. Todo era silencio, largo pero no tenso, solo interrumpido por el chirrido de la puerta de la librería, al abrir o cerrar.

—Vamos, hijo. Ya está dicho. Cuéntame ahora qué libros te interesan y, si ya lo has leído, qué te parece el libro sobre la masonería que compraste el otro día —rompió a hablar el Sr. Rubio, mientras apuraba su copa.

—No sé. He leído el libro y me ha impresionado la historia de la masonería en el mundo y en nuestro país. ¿Cómo es posible que una sociedad que busca el bien sea perseguida y prohibida?

—Si hablamos de persecución, de depuración y de prohibición, en nuestro país no solo la ha padecido la masonería, sino también muchos, muchos ciudadanos. Yo mismo, sí. Poco antes de nuestra última guerra civil, era un médico reconocido, joven y con un gran futuro cantado. Un médico, que al finalizar esa bestialidad, fue represaliado, depurado e inhabilitado y, afortunadamente, ya en libertad, pudo continuar trabajando, de librero, en la librería su suegro —relató el Sr. Rubio.

¿Era usted de izquierdas? —preguntó Acacio.

—No hombre, no. Ni de derechas ni de izquierdas. De ningún extremo intransigente que siempre han luchado, incluso sin ética ninguna, para mandar en nuestro país. Era masón.

"En nuestro país nada más que se habla de la derecha y de la izquierda; en la política, en la economía, en la cultura, en la masonería, etc. ¡Todo ideologizado por los extremos!, y los de cada uno de ese lado se defienden solo así mismos, y ¡muy bien!, y medran en sus momentos buenos, y ya está; pero a los que queriendo lo mejor para su país, para su bienestar, para su cultura, para su logia, sin ser de uno u otro extremo, ¿quién nos defiende? Triunfó la derecha extremista y violenta y pagaron, entre otros, los masones, pero es seguro que de haber vencido la izquierda extremista y violenta, también, entre otros muchos, lo hubieran pagado la masonería. Cuando unos u otros extremistas nos quitan la vida, nos depuran, nos inhabilitan y nos ignoran, ¿quién nos defiende?: ¡nadie! —respondió en tono vehemente el Sr. Rubio.

—Sr. Rubio, yo quiero ser masón, ¿puedo? —arrancó diciendo, de repente, Acacio.

—Y, ¿por qué no ibas a poder? Eso sí, no lo es cualquiera, aunque esté iniciado y posea el grado 33. Anda, explícame ¿por qué quieres ser masón?

— ¡puf!, pues… ¡me he quedado en blanco!. Sí, bueno, el libro que compré me ha enseñado cosas nuevas, pero más que aprender sobre algo nuevo, he sentido, he descubierto, que ya que he crecido, por fuera, todo lo que tenía que crecer, y ahora también lo quiero hacer por dentro. Deseo ser mejor persona, una buena persona, y comprender y respetar a los demás —respondió Acacio.

— Se dice: "¿Eres masón?, y el instruido contesta: por tal me tienen mis hermanos". Tú, Acacio —continuó solemne el Sr. Rubio— eres una *piedra bruta*, no has *visto la luz*, pero aún así eres tan masón como yo lo soy —el Sr. Rubio, se levantó y dirigiéndose a la cómoda abrió un cajón —no perceptible como tal desde fuera— y cogió unos libros.

"Toma lee estos libros. ¡Te los presto¡ Anota lo que no comprendas y, si quieres, libremente, me llamas para lo que desees por teléfono. Piensa, medita y toma una decisión. Dentro de cuatro sábados…, sí, pues el siguiente es Navidad, aquí te espero. Si es que sí, bien; si es que no, bien. Será lo que tu desees —dijo emocionado, el Sr. Rubio, que se movió con rapidez hasta la puerta, pidiendo: "María, cuando puedas, tráeme del bar otra copa de brandy".

-III-

Aparece el *hermano ecónomo*, Ramiro, y se coloca, frente a la puerta, entre los dos silloncitos de color rojo brillante. Sostiene, con soltura, una repleta bandeja con *materiales* (pinchos de tortilla) y *pólvora roja* (vasos con vino tinto). Golpea, por tres veces, la puerta del despacho del venerable maestro.

—Hermano Acacio, esto va para largo. Y luego, la asamblea de elecciones de logia. De aquí no salimos hoy hasta las dos de la madrugada —dijo el hermano ecónomo.

Abre la puerta el hermano primer vigilante y señala que pase el portador de la tortilla y el vino tinto. Saca un poco más la cabeza, sobrepasa la hoja de la puerta, y dice:

—Acacio, por qué no te das una vuelta. Son muchos los asuntos y esto lleva cierto retraso. En cuanto podamos estamos contigo —se excusó, no sinceramente, el primer vigilante

—No importa hermano Alberto. Yo no pedí ser recibido, sino que el venerable me citó para hace ya una hora —contestó con tono cansado, Acacio.

—Ya, ya. Es cierto. ¡Oye ¡ bebe y come algo, y que lo cargue Ramiro en la cuenta de la logia —propuso, alegremente, el primer vigilante

—Muy amable, hermano, pero no te preocupes —respondió Acacio, casi en tono inaudible.

La puerta se cerró, abriéndose, a los pocos segundos, por el hermano ecónomo que llevaba su bandeja repleta de tazas de café y copas de licor vacías. Acacio, empezó a removerse en el silloncito rojo brillante y, trabajosamente, tomó una nueva postura, como de lado.

¡Alberto!, primer vigilante, de nombre simbólico, Sinfonía —más conocido por hermano "cohete", dada su vertiginosa carrera en la orden, sin saber nadie cómo apareció, ni quién le trajo ni realmente qué hacía en la vida profana. Hoy si lo sabemos (se empeña él en repetirlo y repetirlo): diputado y secretario de una comisión del Congreso. Se comenta que en su partido no le soportan, pero que "cohete" cuenta con información de todo tipo sobre la vida privada y sus corruptelas de algunos dirigentes muy importantes, y que éstos pagan su silencio con esos cargos y otras prebendas —abonando el total del coste, por supuesto, los presupuesto de la patria—. Bonita forma de ganarse la vida con la extorsión.

Alberto, fue iniciado, en la logia Concordia Regular número 9. Al año de iniciarse, fueron hábiles los hermanos de la Concordia, y llegó, para quedarse, a la logia Humanidad Regular, número 7, concretamente en 1.998, año de acontecimientos imborrables en la vida de Acacio.

AÑO 1998. Era víspera de la Nochebuena. Don Juan Antonio se acercó precipitadamente a la mesa de Acacio:

—Coge el abrigo y ve a casa rápidamente, Acacio, tu madre se ha puesto muy mala —anunció su jefe, muy apesadumbrado.

— ¿Qué ha pasado Sr. Álvarez? —inquirió angustiado Acacio

¡Vete, vete ya! Tu tío Román está allí — urgió Don Juan Antonio.

¡Todo había acabado! Doña Resurrección había muerto súbitamente. Años atrás enfermó de diabetes y, más tarde, la diagnosticaron una insuficiencia cardíaca congestiva. En los últimos meses se fatigaba en extremo y padecía también serios episodios de insufiencia respiratoria. Mostraba signos de un envejecimiento extremo, galopante. No obstante, con Acacio presente, hacia titánicos esfuerzos por sobreponerse, de tal manera que cada crisis parecía un episodio sin importancia:

—No pasa nada. Solo estoy algo malita. ¡Tienes madre para una eternidad!, cariño —decía sonriendo Doña Ción.

La enterraron junto a su marido.

Acacio, estuvo presente, en todo momento, durante el velatorio, durante el funeral y en el entierro. En ningún momento derramó una sola lágrima. Ya de noche, en casa, con las luces apagadas, sentado en la butaca de su madre, lloró y lloró durante toda la madrugada.

—Hola, Acacio, soy el tío. También te he telefoneado antes…, oye, ¿por qué no vienes a pasar unos días a casa? Juan Antonio, me ha dicho que no aparezcas en una semana por la oficina. ¿Quieres qué vaya a buscarte para ayudarte con la maleta? — le propuso Román

—No, gracias tío. Prefiero estar unos días solo. Pero te prometo que en año nuevo voy a visitarte, o ven tú. Lo que quieras —contestó pausadamente, Acacio.

El día de Navidad, de 1998, hubo nieve. Como aquella Navidad de hace seis años cuando el Sr. Rubio murió en accidente de tráfico, viniendo de la sierra en compañía de su mujer y vaya usted a saber de cuántas copas de brandy.

La muerte de Evaristo le desgarró profundamente: fue no sólo su padre masónico, sino también su padre en lo profano durante muchos años. En la ceremonia fúnebre, que por su paso al *oriente eterno* celebró la logia unas semanas después del fallecimiento, Acacio sufrió un ataque muy acusado de ansiedad y los trabajos hubieron de suspenderse a *golpe de mallete*, siendo trasladado de urgencia a un hospital.

En seis años había perdido a los dos puntales de su vida, y todo lo veía sombrío: su trabajo; su vida —solo— e incluso la masonería; si bien se entregó a la orden con más fuerza, si cabe, que antes.

Acacio, unos meses más tarde —inmediatamente después de una nueva escisión en la Gran Logia— fue elegido, por segunda vez, venerable maestro. Fue ampliamente reconocida su labor por el gran maestro provincial, quién le animó a retomar su "carrera" en los altos grados. No aceptó Acacio, y cuando esperaba ser reelegido para un año más como venerable maestro de su logia —y culminar los proyectos en marcha— fue designado *guardatemplo* —último cargo entre los *oficiales* de la logia— por el nuevo venerable maestro. Aceptó el nombramiento y continuó con su trabajo y plena asistencia al taller.

En el segundo "cabo de año" del fallecimiento de su madre acudió, acompañado de su tío Román, al cementerio. Al regreso, de camino al aparcamiento, su tío le preguntó por la razón de su cojera:

—No sé llevo unos meses que me molesta y duele la rodilla izquierda. También siento como agarrotados, a veces un poco dormidos, los dedos de la mano derecha —contestó Acacio

—Eso es de la abuela Herminia. El reuma. Dicen que se hereda. ¡No dejes de ir al médico! Parece que hoy están muy avanzados los tratamientos. Si quieres te acompaño. Eres mi único sobrino y, además, estoy jubilado —le justificó Román.

"Oye, Acacio, no te molestes, pero por qué no te has casado aún. ¿No lo has pensado nunca?

—Tío, casarse no se piensa, se hace. Uno puede pensar en salir con una chica, en ser su novio o, incluso, en que puedan vivir juntos, pero casarse, simplemente se hace. Yo no lo he hecho aunque, tiempo atrás, salí con varias chicas y, puede decirse que de dos, yo creo, fui novio. Todo quedó ahí. Pero, además, mi propósito de no dejar sola a mi madre, mi absorbente trabajo y, también, mis actividades culturales...

— ¿En esa sociedad cultural a la que asistes a reuniones, desde hace tanto —le interrumpió Román.

—Sí, en esa. Todo esto y el tiempo, que va pasando, quizás, me han impedido hacerlo. Ahora no creo que pudiera convivir con nadie atendiendo el papel de esposo —, ¿y tú, viejo solterón, por qué no te casaste?, preguntó riendo, Acacio.

—Cosas de la vida. Los numerosos destinos de cuartel en cuartel y, fundamentalmente, porque siempre estuve enamorado, desde chaval, de una mujer que no lo estaba de mi. Se casó en su día, tuvo un hijo y fue feliz hasta su muerte —concluyó Román, con los ojos al borde del llanto.

—Bueno, bueno, no te me pongas melancólico. Yo te cuidaré a ti y tú a mí. Y si un día apareces en casa y me dices: ¡mira, está será tu tía!, pues tan felices los tres —dijo, divertido, Acacio.

— ¡Calla, bobo! Eso ni lo veré yo ni lo verás tú; yo ya estoy para el arrastre —contestó algo amoscado, Román.

Las molestias y los dolores que sufría Acacio desde los últimos meses ya no solo le afectaban a las dos rodillas y a las dos manos, sino incluso a los pies —principalmente los tobillos—. Había épocas que sentía mejorar algo, pero al poco los dolores volvían con más intensidad que antes. También venía observando que los nudillos de algunos dedos de ambas manos estaban engrosados, así como que iba perdiendo mucha ligereza al andar. Usaba cremas antiinflamatorias y paracetamol, pero los efectos de estos medicamentos eran mínimos.

—Hace ya dos años que te recomendé ir al médico. ¿Y qué caso has hecho? Yo te lo digo: ¡ninguno! —le recriminó su tío Román.

—Tienes razón. No te alteres, ya verás, iré al médico de inmediato —aseguró, preocupado, Acacio.

Análisis, radiografías, médicos especialistas: un peregrinar de cerca de tres meses.

Román y Acacio habían acudido esa tarde a consulta. El doctor Recuero, revisó todas y cada una de las pruebas. Examinó en la camilla a Acacio. Le hizo marchar hacia delante; hacia atrás, agacharse, y coger con cada mano un libro de grosor medio.

—Vístase, Acacio —pidió el doctor Recuero.

El silencio era absoluto. Acacio mostró dificultad para atarse los zapatos y Román se acercó a ayudarle. El Doctor Recuero volvió a revisar las radiografías y el resto de pruebas.

—Bueno Acacio —comenzó diciendo el doctor—, puedo diagnosticar que padece una artritis reumatoide en un grado ciertamente avanzado, para su edad. Las membranas sinoviales de sus articulaciones en rodillas, tobillos y manos están muy inflamadas. De momento no hay afectación extraarticular —daños, principalmente, a órganos como el pulmón o el riñón—. Vamos a actuar de inmediato para que eso no pueda suceder y para evitar otras consecuencias, incluso muy invalidantes. Usted, esté tranquilo, es una enfermedad crónica y degenerativa pero tratada con fármacos, paliaremos el dolor y con fisioterapia trataremos las articulaciones dañadas. Por supuesto nada de tabaco, ni de alcohol y, además, debe usted perder peso. Siguiendo estas pautas, y con revisiones periódicas podremos controlar la evolución y usted se encontrará bastante mejorado.

—Doctor, ¿la causa de esta enfermedad puede ser principalmente hereditaria?, es que resulta que la abuela Herminia tenía un reuma terrible —dijo atropelladamente Román.

—Puede ser. Acacio, en un par de días venga a recoger mi informe y el tratamiento. En seis meses repetimos las pruebas y nos volvemos a ver. Sea constante y cumpla a rajatabla el tratamiento y las pautas que le señalaré —terminó el doctor Recuero, al tiempo que se levantaba y le tendía la mano.

Acacio y Román, al salir de la clínica, decidieron ir a una cafetería próxima. Tomaron sus consumiciones, sin cruzar palabra. Ya otra vez en la calle, también en silencio, se despidieron con un abrazo muy fuerte.

-IV-

Se abrió la puerta enérgicamente y, Acacio, adormilado, en su silloncito rojo brillante, se sobresaltó. Salieron riendo del despacho del venerable, el primer vigilante, Roberto, acompañado por el orador, Jesús.

Llegó el hermano ecónomo con su bandeja y, en unos minutos, volvió a salir cargado de platos y vasos, se detuvo ante Acacio, y dijo:

—Pasa al despacho del venerable, hermano —y continuó su camino con paso rápido.

El hermano Emilio, el venerable maestro, es más o menos de la edad de Acacio. Entró en la orden a principios de los años noventa y es arquitecto de profesión. Aquí pretende con su ambición construir un universo a su propia imagen y semejanza, y fuera construir pisos. Si repite veneratura en el próximo curso masónico será su cuarto año; un año más perdido para la logia. Quizá, por ser arquitecto cree que la masonería está más próxima a él que a la mayoría de los hermanos y, a veces, presenta discursos en los trabajos sobre "la importancia para el aprendiz de orientar su trabajo para alcanzar un machihembrado perfecto con el resto de sus hermanos" o, incluso, pide a los hermanos en la cadena de unión "tomen sus manos y unidas sean más fuertes que el hormigón armado". Todo un personaje que muy seguramente, cuando alcance el grado 33, se plantee su cambio al rito Memphis y Mizraim, para poder llega a obtener el grado 99. En cierta ocasión —él asegura que era broma— preguntó a un hermano muy erudito en ritos, de nombre simbólico Solón, si era posible "convalidar los grados entre diferentes ritos y, de ser así, que equivalencia tendría un grado 33 del rito Escocés en el rito Memphis.

—Querido Acacio, ¡mira que has tardado en pasar! Siéntate, hermano, donde te encuentres más cómodo —dijo sonriendo el venerable, al tiempo que señalaba una silla frente a su mesa, o un sofá junto a la estantería.

—Ya sabes venerable que no estoy para correr. Me siento en la silla, pues sospecho que ésta entrevista es oficial, ¿no? —dijo Acacio, sentándose y haciendo un leve esfuerzo para no quedar, como de lado.

—Bueno, bueno, Acacio es oficial, como tú dices, pero nuestra conversación para mi es más de hermanos, de amigos de muchos años.

—Vale, venerable, de hermanos. Pero se dice que ¡quien bien te quiere te hará llorar!

—Bien, Acacio, primero de todo, ¿cómo estás? —preguntó el venerable maestro.

—Las manos ya las ves. En cuanto a las rodillas no paran en su proceso degenerativo, pero quizás, lo peor ahora, sean los tobillos. Cada seis meses me hacen una resonancia y sigo tratamientos muy fuertes con esteroides inyectados. Me anticipan que, pronto sería conveniente una cirugía, pero sin asegurar, incluso, ninguna mejoría —relató, como quien recita, Acacio.

¿Vives con tu tío, ¿no?

—No, hace ya un año y medio que murió mi tío Román. Bueno exactamente no era mi tío, pero siempre estuvo muy unido a mi familia, a mi padre y a mi madre, y a mí. Román era *hermano de leche* de mi madre. Casi toda su vida la pasó de cuartel en cuartel, como sargento del ejército, y cuando se retiró, no teniendo familia, vino a la ciudad, alquiló un pequeño piso cerca del nuestro y ya no salió más de nuestras vidas. Enterró a mi padre; enterró a mi madre y pasó lo que le quedaba de vida cuidando de mí: ¿hay mejor familia qué esa?

—Entonces, ¿ahora estás solo?

—Me apaño —dijo Acacio—. La pensión de incapacidad me permite, incluso, poder pagar la ayuda de un cuidador que tres veces por semana atiende la casa y, si es necesario, me acompaña al médico o a dar un paseo por la calle. Es un buen muchacho. Un búlgaro que creyó que aquí "atábamos los perros con longaniza" y empeñó lo que no tenía para venir. Está contento, dice.

—Pero… Acacio, ¿no tienes nada de familia?

—Sí. Bueno, familia lo que es familia biológica, no. Pero tengo a mis hermanos masones, y amigos, como la viuda y los hijos de nuestro hermano Evaristo Rubio. Con ellos estuve la pasada Navidad. ¿Tú conociste a Evaristo, no?

—Sí, ¿era librero, no? Recuerdo de él que era muy comprensivo con los todos los hermanos y, siempre, decía: "lee y persevera, ve e imita".

—Sí, eso decía. Bueno, tú me dirás hermano —preguntó, resuelto, Acacio.

—Querido hermano, nuestra logia parece que hubiera quedado parada de un par de años a esta parte. Pocas iniciaciones, poca actividad, no pocas bajas. El gran maestro provincial cree imprescindible renovarse. ¿Sabes que somos la logia de la provincia con la media de edad más alta? Yo asumo mi responsabilidad y, en las elecciones para el *próximo curso*, saldrá un nuevo venerable maestro: Roberto. Se ejecutarán cambios para atraer nuevos candidatos, principalmente jóvenes, y se observará estrictamente el cumplimiento de asistencia de los hermanos y el ceremonial del rito. Esto requiere…

—Todo lo que me cuentas está muy bien —interrumpió, Acacio—. Por supuesto, que en nuestra logia hay más viejos que jóvenes. Somos la primera logia con que contó en la ciudad la gran logia, y, lógicamente, hoy, la integramos muchos de los primeros que pusimos en marcha la Orden hace más de treinta y cinco años. Por supuesto que no somos jóvenes, pero no somos malos masones. Además, Emilio, ¿qué cambios introduciréis para atraer a los jóvenes?, ¿permitiréis el uso del móvil en las iniciaciones y en los trabajos? En cuanto al cumplimiento de asistencia bastantes hermanos no gozamos de buena salud y no tenemos ya suficiente energía para, con garbo, realizar las ceremonias masónicas, incluso, hacer los *signos de grado* o ejecutar lozanamente las *marchas de grado*.

¿Y qué vais a hacer, escondernos en la cámara de reflexiones o mandarnos a una residencia para masones viejos o enfermos?

—Estás sacando de quicio todo lo que te he dicho —dijo, con tono cansado, el venerable maestro.

"Escucha, Acacio. Vamos al detalle: tú. Eres miembro *activo* de esta logia y en este año has venido solo a dos o tres tenidas. ¡Ya!, ya sé que tu enfermedad e incapacidad física te impide la independencia y la movilidad que quisieras, pero te comprometiste desde el primer día de tu entrada en la orden a asistir a los trabajos de la logia. Además tu invalidez te impide en gran medida, sí, participar de las ceremonias rituales, aún en las más básicas. ¡Más claro aún!, si así lo quieres: no estás en condiciones físicas de ser miembro activo de la logia. La orden, lo sabes bien, ante la enfermedad de un hermano puede eximirle del cumplimiento de sus obligaciones como miembro activo. Si puedes y quieres pagar la cuota quédate, pero como hermano *durmiente*; así no perderás el vínculo, te visitará regularmente el *hermano limosnero* e, incluso, podrás asistir a los *banquetes solsticiales*, no rituales, que organice la logia. Si decides no pasar a *sueños*, pide la baja.

Calló el venerable quedando su rostro con un gesto sorprendido. Pensó que había sido demasiado brusco, demasiado claro.

Pasaron unos segundos de denso silencio. Corrigió Acacio su postura en la silla, no quedando ya, como de lado, sino erguido, sin disimular las molestias y dolor que le producía esa postura.

—Perdona, Acacio, si he sido un poco…

— ¡Así, qué es eso! — cortó Acacio las palabras del venerable—. Ahora soy un incapaz físico. Un inválido de los que los *landmarks*, o límites, fijados siglos atrás, recogen en sus disposiciones, y que aún hoy, año 2016, son inmutables para alguno masones, sobre todo los titulados regulares, es decir, nosotros. Hoy, pensamos igual que hace más de trescientos años, obramos igual que en esos tiempos: "No, a las mujeres, a los cojos, a los lisiados, a los mutilados…". No puedo dar crédito, venerable.

"Libre, honrado y de buenas costumbres", requisito primero para ser masón. Mis maestros me enseñaron que ese ser "libre" era simple y llanamente ser independiente económicamente, aunque luego los altos grados de la orden lo hayan vestido con un contenido más filosófico. ¡Independiente!, ¡Libre! ¿Puede ser independiente, puede trabajar y obtener ingresos regulares generados por un trabajo, un incapaz físico? ¿Puede un inválido ser masón? Está escrito en los *landmarks* y en los *reglamentos generales* de algunas obediencias, que no lo omiten, como otras… que no lo ocultan. ¿Puede?: ¡no, no y no!

—Hermano, no sabes lo que dices, —interrumpió bruscamente el venerable.

Llamaron dando tres golpes en la puerta del despacho. El venerable se levantó rápido y salió.

— ¿Qué pasa, pone algún problema? —preguntó el primer vigilante, Roberto, hermano cohete, próximo venerable maestro.

— ¿Tú qué crees? —respondió el venerable—. A este asunto debías de haberte enfrentado tú siendo ya presidente de la logia. No entiendo el interés del gran maestro provincial de que lo hiciera yo, a no ser que tú se lo pidieras...o se lo ordenaras.

—No digas tonterías. Bueno, acaba cuanto antes que tenemos la asamblea de elecciones. ¡Ah!, por supuesto, si se le pasa por la cabeza asistir a la tenida de después, prohíbeselo.

—Sí, hombre. Aunque sea lo encierro en un armario. ¿Algo más?

El venerable entró de nuevo en su despacho tomando asiento. Detuvo sus ojos sobre la mesa, levantó la vista y dijo:

—Bien, Acacio, creo que no deseas comprender las razones, en absoluto particulares ni egoístas, de la logia ante los nuevos tiempos que corren y a los que debemos adaptarnos. ¿Lo has pensado ya: quedarás, desde esta fecha, como hermano durmiente —manteniendo el pago de tu cuota— o solicitarás de inmediato tu baja por escrito?

— ¿Merece la pena, venerable, ser activo o durmiente de esta logia, de esta obediencia, incluso, de una masonería así? Tenga por solicitada verbalmente mi baja. Vine a la orden porque quise y me voy porque quiero. Todo el tiempo que media entre una y otra decisión, no obstante, visto y comprendido lo de hoy, no lo doy, aún así, por perdido —respondió serenamente, Acacio.

—Bien, tú lo has decidido. Aceptada tu baja. Eso sí, comunícalo de inmediato, por escrito, a la logia. Ahora, Acacio, debo dejarte, pues están esperándome para comenzar la asamblea —y, sin más, el venerable salió de su despacho.

Acacio, torpemente, temblando sus manos, aún apoyadas en los dos bastones, salió del despacho del venerable, y encontrándose ya en la sala de los pasos perdidos escuchó al maestro de ceremonias, llamar a los hermanos de su logia para iniciar los trabajos. Por un segundo creyó no saber dónde estaba. Se detuvo y con la mirada fue recorriendo lentamente todos y cada uno de los rincones y detalles de esa sala. Por su mente pasaron parte de las imágenes de la ceremonia en que vio la luz y la cara sonriente y emocionada del Sr. Rubio; y le pareció incluso oír a éste diciéndole, una vez más, aquello de: "Tristemente, cada día que pasa, la experiencia te muestra que, masón no lo es cualquiera, aunque esté iniciado y posea el grado 33".

Al pasar cerca de la *sala húmeda*, en la pequeña barra de bar, apoyado en la misma, estaba el hermano ecónomo, quien le pregunto:

—Hermano Acacio, ¿se va?, ¿quiere que le pida un taxi?

—No, gracias hermano —contestó Acacio, sin detenerse ni despedirse de Ramiro.

Acacio, abrió la puerta del local y volviéndose escrutó cada rincón de los pasos perdidos. El hermano Ramiro, le observa con curiosidad, y le pregunta:

—Hermano, ¿se deja algo?

Acacio, responde no con la cabeza, y musita: ¡no sabes tú bien!

Ya era tarde. En la calle apenas hay transeúntes. Taxis: ninguno. Acacio, poco a poco, trastabillando, camina por el borde de la acera y, cada poco, se para y gira la cabeza hacia atrás en espera del paso de un taxi. Continua su camino, pero se detiene, pues empieza a sentir un dolor persistente en el pecho y tiene, además, una náusea. Con mucha dificultad se acerca a un banco del paseo y se sienta, pues sufre también sensación de ahogo. Suda y siente una especie de latigazo en su brazo izquierdo. Aun así, se incorpora, como puede, y anda no más de un par de metros, cayendo muerto.

Glosario

Acacia (masonería): símbolo masónico de la inmortalidad.

Activo (masón): que cumple con sus deberes sin interrupción y trabaja continuamente.

Aprendiz (masón): primer grado de la masonería.

Aumento de salario (masonería): ascenso a un grado superior.

Azul (masonería): primer grupo de grados de que son: aprendiz, compañero y maestro.

Banquete (masónico): reunión masónica para solemnizar comiendo determinados sucesos de la Orden.

Cadena de unión: corro que componen los masones cogiéndose las manos unos a otros como muestra de la fraternidad que les une.

Cámara del medio: logia que trabaja en el grado de maestro.

Cámara de reflexiones: lugar en que queda encerrado el profano (recipiendario) que debe iniciarse, para que medite sobre el paso que pretende dar.

Capítulo (masonería): nombre que reciben los talleres del orden capitular, grados superiores al simbolismo, y que preparan a los masones para los grados filosóficos

Columnas (masonería): designa las dos columnas simbólicas situadas a la entrada de la logia, señaladas con las letras J y B.

Compás (masonería): una de las tres luces de la masonería.

Compañero (masonería): masón que posee el segundo grado.

Curso (masónico): periodo hábil de los trabajos masónicos en un año natural.

Durmiente (masón) aquel que interrumpe temporalmente sus trabajos en la logia, pero sin dejar de pagar su cuota. (Se dice, también, "masón en *sueños*").

Exaltación: pase ritual al grado de maestro.

Grados (altos): aquellos masones que poseen entre los grados cuarto y treinta y tres, del rito escocés antigüo y aceptado.

Gran Arquitecto del Universo: nombre simbólico referido al Principio creador.

Gran Maestro: máxima autoridad de una gran logia o gran oriente.

Granada (fruto): representa la variedad de los hermanos de la masonería dentro de su unidad.

Guardatemplo: cargo de la logia encargado de vigilar la seguridad de los demás hermanos mientras celebran los trabajos. En logias muy numerosas, puede haber dos Guardatemplo, uno interno y otro exterior.

Hermano (masonería): título fraternal usado entre los masones

Hermano ecónomo: cargo de logia que custodia y renueva útiles de la misma. Puede encargarse de otros servicios de atención a los hermanos.

Hermano hospitalario: cargo de logia que se encarga de las necesidades de sus miembros, sobre todo de los enfermos.

Hermano de leche (no masonería): persona que sin ser hermana de otra ha sido amamantada por la misma mujer.

Hermano Terrible: nombre que recibe el hermano experto que acompaña al profano (recipiendario) durante la iniciación.

Húmeda (sala): lugar, normalmente en el local de la logia, en donde se celebran ágapes o se expenden bebidas.

Irradiación: expulsión de la masonería de un hermano.

Landmarks (límites masónicos): reglas de conducta y principios asociativos que, cuanto menos, se han exigido desde el siglo XVIII y que se consideran por algunos masones esenciales e "inmutables".

"Libertad, igualdad y fraternidad": aclamación masónica

Logia: agrupación de masones, contando con al menos siete maestros, constituidos y que poseen carta patente emitida por una potencia masónica. También, se llama logia al local donde celebran los trabajos los masones.

Logia "salvaje": se denomina así a la logia no adscrita a ninguna obediencia en particular, y trabajan de modo independiente.

Luz (ver la; masonería): acto de la iniciación de aprendiz masón en la que la logia da la luz al profano y éste la recibe.

Maestro (masonería): masón que posee el tercero y último grado de la masonería simbólica.

Maestro de ceremonias: cargo de la logia que se ocupa de dirigir el ceremonial en general.

Maestro experto: cargo de logia responsable de las ceremonias haciendo observar el ritual y examinador de los hermanos visitadores.

Maestro secreto: masón poseedor del grado cuarto del rito escocés antigüo y aceptado.

Mallete (masonería): martillo de dos cabezas. En la logia, atributo del venerable maestro y los dos vigilantes. También, mallete (a golpe de), acto en razón la autoridad del venerable maestro.

Marcha (de grados, masonería)): disposición de los pasos usados para penetrar al templo o logia por los masones. Varía la marcha en todos los grados y casi en todos los ritos.

Masón: iniciado en la masonería

Materiales (ágapes y banquetes masónicos): comida.

Nombre simbólico: nombre adoptado por un masón en el momento de su iniciación, ante su nacimiento a una nueva existencia.

Obediencia: federación de logias.

Orador: cargo de logia que supervisa que todas las decisiones y acuerdos se ajusten a los reglamentos.

Orden (la): la institución masónica.

Oriente eterno: el situado más allá de la muerte.

Pasos perdidos: antesala de la logia.

Piedra bruta: la que desbasta el aprendiz

Piedra cúbica: aquella sobre la que se ejercitan los maestros masones.

Plancha: cualquier documento escrito

Pólvora roja (ágapes y banquetes masónicos): vino tinto.

Reglamentos generales (masonería): reglas y preceptos que se dan por las autoridades masónicas para la ejecución de la ley.

Rito (masonería): conjunto de reglas establecidas que fijan el trabajo de la logia.

Rito escocés Antigüo y Aceptado: de entre los diferentes ritos masónicos existentes es quizás el más difundido en el mundo. Trabaja con 33 grados masónicos.

Rito de Memphis y Mizraim: rito masónico de inspiración Rosacruz. Trabaja con 99 grados masónicos.

Ritual (masonería): el libro que contiene las instrucciones necesarias para la práctica de los trabajos masónicos.

Signos (de grado): medio, junto con los toques, para reconocerse ante los masones y acreditar su grado.

Simbólica (logia, gran logia, obediencia): aquellas organizaciones que trabajan en los tres primeros grados de la masonería.

Solsticio (solsticiales): fiestas solemnes que anualmente – invierno y verano – celebra la masonería.

Taller (masonería): espacio físico en donde reúne la logia.

Tenida (masonería): reunión de trabajo ritual de una logia.

Templo (masonería): local en el que se reúne la logia.

Testamento (masonería. Iniciación): manuscrito que redacta el profano (recipiendario) en la cámara de reflexión.

Trabajos (masónicos): celebración de reuniones y ceremonias rituales.

Triple batería: aplauso ritual.

Venerable maestro: maestro masón presidente de una logia.

Viajes simbólicos: realización de recorridos y pruebas, en logia, con enseñanzas simbólicas durante la ceremonia.

Vigilantes (primer y segundo): segunda y tercera luz de la logia, cada uno se ocupa de guardar una columna y velar por la instrucción de los hermanos.

Visitador: el masón que asiste a los trabajos de una logia que no es la suya.